Círculo Rojo

Permítete darte alas

PERMÍTETE DARTE ALAS

Cristina El Mersali

Círculo Rojo
EDITORIAL

Primera edición: abril 2024

Depósito legal: AL 925-2024

ISBN: 978-84-1073-220-9
Impresión y encuadernación: Editorial Círculo Rojo

© Del texto: Cristina El Mersali
© Maquetación y diseño: Equipo de Editorial Círculo Rojo
© Ilustración de portada: Ana Tejedor Círculo Rojo

Editorial Círculo Rojo
www.editorialcirculorojo.com
info@editorialcirculorojo.com

Impreso en España - Printed in Spain

Per a la iaia.

Quan miro al cel sé que tu també m'estàs mirant.
Gràcies per ensenyar-me a ser qui sóc a dia d'avui,
en els meus poemes sempre seràs eterna.

¿GANADOR O PERDEDOR?

Las cosas cambian.
Para bien o para mal,
pero no se quedan igual.

Si todos supieran
lo que significa querer,
serían pocos los que lidiarían
con el sentimiento de perder.

¿Y si hablamos de ganar?
Quizás consideramos ganador
a quien más cosas consigue,
a quien menos miedo tiene
o a quien menos siente.

Pero miras al cielo
y, quedándote asombrado,
ves que hasta ahora has estado equivocado.
Que ganar no es comparar.
Ganar es vivir y sentir.
Ver que nada te puede frenar.

Entonces, ¿si hablamos de perder?
Es un verbo con tanta subjetividad
que tendrá tanta verdad
como la que tú le quieras dar.
Dependerá de lo que quieras creer,
será realidad si sientes culpabilidad.

Ya que solo eres perdedor
si eres de los que se contradicen
no haciendo lo quieres,
no llevando a cabo lo que piensas.
Solo por complacer a alguien más,
que te dará la espalda
cuando le estés de más.

EN UNO MISMO

¿Qué es lo que se derrumba?
Si ya estás en el fondo de este pozo
oscuro y tenebroso,
curándote a este corazón roto.

¿Por qué buscas ayuda?
Estás sola mirándote la herida
y, aun sintiéndote perdida,
tú misma conseguiste dar con la cura
a esta maldita atadura.

¿Pretendes engañar?
Nadie te va a mirar,
estás tú en libertad,
mostrando tu autenticidad.
Nada vale más que la lealtad
que a ti misma te puedas dar.

INSOMNIO

Llega el insomnio de la nada
queriéndose quedar hasta la mañana,
desvelándome a cada madrugada.
Sin motivo, sin explicación, sin causa.

Me digo que todo está bien
sin saberlo del todo bien.

Me duelen
el cuerpo, el alma, las entrañas,
teniendo los ojos llenos de legañas.

Queriendo solo un último deseo:
le pido al universo
que me acerque a los brazos de Morfeo.

BUCLES

Mil y una vueltas
para encontrar respuestas,
para poder dejar atrás las quejas.

Pero solo dejo excusas
y más de mil preguntas.
Inmersa en un bucle,
en dos y también en tres
que van sumando mientras creces.
Con principio,
pero sin final,
sin hallar el principal.

En gran medida
afecta estar perdida.
Sin rumbo y sin futuro
en este presente tan oscuro.

¿PARA O POR SIEMPRE?

¿Qué es un «para siempre»?

Irte para siempre.
Juntos para siempre.
Felices para siempre.
Se acabó para siempre.

Juramos un futuro
que es tan incierto…
Ni nosotros mismos
somos constantes
a lo largo del tiempo.

¿Qué es un «por siempre»?

Extrañar por siempre.
Amigos por siempre.
Odiar por siempre.
Mantuvo su palabra por siempre.

Perpetuamos un pasado
que no desea ser infinito…
Lo sujetamos a la eternidad
para mantenerlo en la actualidad.

ETERNIDAD

Si la vida fuese infinita,
se volvería aburrida.
No tendríamos un aliciente,
nada lo veríamos diferente.
Todo se nos haría eterno
y se nos haría un nudo interno.

Soñamos con lo imposible
y, si no lo conseguimos,
lo que queremos se va al olvido.

Ambición sin la intención,
sin saber lidiar con la frustración.
Vida eterna, personas eternas.
¿A cuántas queremos de todas ellas?

¿FELICIDAD?

Vuelan cometas
mientras me besas.
Y soy felicidad pura,
o eso es lo que piensas,
así que
aprovechémosla mientras dura.

EL VOLCÁN

Vacilo en mis pensamientos
por tener estos sentimientos.
¿Cuánta verdad existe
en lo que me dices?

Quiero creerte,
pero lo hice tantas veces
que ya no sé si lo mereces.

Disfruto de tu compañía.
Nos miramos y sonreímos;
ambos con nerviosismo.
Y a pesar de no conocernos,
somos como almas gemelas
creadas para ser destinadas.

Eres tan especial
como un volcán bajo el mar.
Te quiero.
Me quieres.
Como las flores
adoran a los amaneceres.

AMBIVALENCIA

Coexisten sensaciones
del todo incompatibles,
muchos sentimientos
totalmente opuestos.

Amor y odio.
Paz y rabia.
Ilusión y miedo.
Alegría y tristeza.

Me veo y me pierdo,
¿será momentáneo?
Sigo buscando al adversario
de todo este desconcierto.

DESPERSONALIZACIÓN

Obra teatral de mi imaginación.
Cuerpo sin cerebro buscando mi atención.
Mi mente está delante de mí,
mirándome, juzgándome,
diciéndome que volvió a ocurrir.

Quizás es un sueño,
quizás es una alucinación,
pero cuando todo se desvanece,
ves que no tenías razón.

Te sigues columpiando
delante de un espejo,
que te refleja y te hace dudar
de tu propia identidad.

Incertidumbre e indiferencia.
Disociando a cada rato.
Perdiéndote en el intento
de volver a la realidad.

NATURALEZA

Como una montaña,
lejana y misteriosa.
Como la playa,
alegre y luminosa.

Parecidas y a la vez tan diferentes,
elegidas por distinta gente.
Significando las dos
paz y libertad
para poder encontrarnos
en nuestra interioridad.

EL DÍA Y LA NOCHE

El día llega lento,
el sol se asoma irradiando luz
y poco a poco amanece
dejando ver lo que resplandece.

La noche llega rápida,
la penumbra da paso a la luna,
dejando ver cielos estrellados
y una oscuridad que pisa la sombra
que duerme bajo nuestros pies.

El día y la noche,
siempre siendo opuestos.
Una, símbolo del derroche,
de la infinidad y la delincuencia.
El otro, símbolo de principios,
de realidad y alegría.

EN MEMORIA

No me pude despedir,
y sin duda puedo admitir
que no me paro de arrepentir.

Tu recuerdo no lo olvido.
Me atraviesa el pecho,
clavándose en mi interior
pidiéndome una explicación.

La culpa me arrastra.
Las llamas me abrasan.
La pena me derrumba.
En conjunto me bajan el telón
de la obra que creé con ilusión.

Quise verte por última vez,
pero el destino jugó al ajedrez
y mató a la única reina
que me quedaba en esta vida.

Pero, cuando acabaste la partida,
no me diste billete de salida;
me quedé atrapada en tu mirada,
que me observaba con esperanza
esperando a que te visitara.

INFANCIA

Me pierdo viendo fotos de niña
fijándome en mi cara de alegría,
la misma que años después conservaría.
Y aunque a la época no volvería,
me reconforta el recuerdo
del sentimiento que tenía.

Inocente y divertida,
siempre llena de vida.
Siempre pareciendo mayor,
a pesar de ser la menor.

Entusiasmada y eufórica,
siempre tan enérgica,
haciendo cualquier cosa
y hablando con cualquier persona.

Risas y bromas
para hacer reír a los demás,
para contagiarles mi felicidad.
No hay más fortuna que el bienestar
de aquellas personas a las que quiero de verdad.

SIN COLOR

En blanco y negro también hay belleza,
solo hay que apreciar lo bonito de la simpleza.

Los colores alumbran, nos alegran,
nos abundan de riqueza.
Hablo de riqueza visual;
a pesar de ver las maravillas,
seguimos sin valorarlas
empeñándonos en buscar algo abismal.

PACIENCIA

Las hormigas hacen su nido
esperando el invierno y el frío
para satisfacerse con su cosecha.

Las abejas se quedan en la colmena
esperando a que llegue la primavera.
No tienen prisa alguna.
Viven lo que toca cuando toca.

Las personas no tenemos paciencia,
nos agobiamos y nos da ansiedad
pensar en que nada va a suceder *ya*.

Buscamos resultados
y los queremos inmediatos.
Queremos ser alguien.
Queremos ser algo.
Y lo único que conseguimos
es quedarnos estancados.

DESENGAÑO

El corazón me late a mil.
Lo volviste a hacer.
Me ilusionaste,
pero solo jugabas
a que te enamorabas.

Perdí el juego y me perdí a mí misma.
Quedándome con solo las ganas
de gritar, de llorar, de irme de tu vida.
Pero no puedo, me miento otra vez
diciéndome que esto no puede ser.

Decepción tras decepción
a pesar de yo saber la conclusión.
Me pensaba que había sido más dura,
pero me doy cuenta de que solo he sido una ilusa.

¿Cómo se supone que debo proceder?
Si no hay nada en claro.
Si siempre hay dudas.
Si siempre a mentiras me abrumas.
Pero tus actos no hacen más que reafirmar
tu misteriosa crueldad.

TODO IGUAL

Me mientes
y te mientes.
Nunca me querrás
y detrás de ella irás.

Por dentro lloro.
Yo hago como que no pasa nada,
tú recuerdas historias pasadas
mientras me inundo
en lágrimas saladas.

Son momentos diferentes,
pero sigue siendo lo mismo de siempre.
Son bucles y patrones
creados por el mismo hombre.

MOVIMIENTO

Los ojos vacíos,
sin expresión.
Como el alma, sombríos
sin ninguna visión.

El futuro en punto muerto
y yo sin pedales de freno.
La velocidad me alcanza,
me desplaza,
me gira dando un empujón,
me devuelve a la escena de acción.

EL TIEMPO

Observamos un reloj
mientras este marca las dos.
¿Estamos aprovechando las horas?
¿O solamente las miramos?

Conscientes de que nos movemos,
de que hacemos lo que queremos.
¿Qué pasaría si nos ahogamos
en nuestros propios pensamientos?

El mar de los sentimientos
tiene olas de dudas y culpas.
Nos guían luces de luciérnagas
en lluvias sin paraguas,
en situaciones incómodas
y en las horas que se nos hacen eternas.

¿Cuál es el tiempo que contamos?
Si ni siquiera nos enteramos.
¿Qué momentos recordamos?
Si de todos los que vivimos
en algunos existen lagunas.

VICIOS

Puede que empieces
por broma o distracción,
el caso es que no hay regresión.

Fumas, juegas, bebes,
crees que te diviertes.
Hasta que llega el día siguiente
y no hay recuerdos en tu mente.

Empieza la apatía
por tu propia vida
mientras la avaricia
domina tu existencia.

El límite no se encuentra
porque la puerta sigue abierta,
recibiendo a los que te maltratan
y despidiendo a los que te salvan.

MUERTE

Nunca te la vas a ver venir,
ni siquiera si la estás esperando.
El cuerpo dejará de latir,
los pulmones de respirar
y la piel se empezará a enfriar.

La esencia perdurará
y el corazón de los demás se quebrará.
Se quedará un vacío, una brecha,
que jamás del todo se curará.

Un día estás,
existes, vives.
Al otro te ausentarás,
desaparecerás,
te irás a otro lugar.

ESPECTADOR

Detrás de un escaparate
separados por un cristal,
¿qué es ficticio?
¿Qué es real?

Reflejándonos opuestamente
sin vernos directamente.
Siendo transparentes
y esperando a que nos hagan caso,
a que nos vean al otro lado.

Sin voz, sin alma,
¿quién me va a salvar?
¿Quién me va a mirar?
Si no puedo gritar
y solo puedo observar.

RESILIENCIA

Lo intento.
Juro que lo intento.
Pero no puedo con tanto.
A veces no soy capaz.

Pero, aun así,
lo seguiré intentando,
buscaré otro modo
aunque me siga tropezando
reiteradamente
con el mismo inconveniente.

ANIVERSARIO

Hoy es mi cumpleaños.
Siempre había sido una fecha especial,
pero quién hubiese dicho
que me acabaría pareciendo un día más.

Tú no estás.
Ya no lo celebramos juntos.
Y ni siquiera encargo pastel.

Cumplir años se ha vuelto nostálgico.
No por la edad.
Ni por querer volver atrás.
Mucho menos por miedo.

Da pena ver que nada es como antes,
que faltan personas,
abrazos y sonrisas,
dejando ver que la ilusión no es la misma.

Se me escapan un par de lágrimas.

Seguiré soplando velas,
pidiendo deseos,
mientras todo sigue
en mis recuerdos.

INDIFERENCIA

Cruzo un paso de peatones.
El semáforo está en rojo,
pero igualmente paso.

Paso por la carretera.
Paso de los coches que se acercan.
Paso de la gente que me observa.
En definitiva, paso de todo.

Ni miro ni dudo.
Casi ni me preocupa
que me puedan arrollar.
Tampoco tengo prisa,
son mis piernas a las que les gusta acelerar.

Los faros me alumbran
o me deslumbran,
pero yo sigo buscando
la luz de la luna.

DESCONTROL

Ahora soy yo la conductora.
Voy a dos cientos por hora,
sintiendo la velocidad,
acelerando sin parar.

Sintiendo ganas de llorar,
las luces se vuelven borrosas
y ni noto la nitidez de las cosas.

Tentando un accidente,
quizás me estamparía de repente
en rectas y curvas cerradas
desvaneciéndome a la nada.

ANSIEDAD

Un océano de nervios
donde nadan los tiburones.
Te comen la serenidad,
atacan el sosiego,
volviéndote una bestia
en apuros por vivir.

Con aires de valiente;
sin embargo,
el miedo te agarra fuerte.

Te ahogas en un vaso.
No es agua salada.
No es el mar,
es tu malestar.

COMÚN

¿Qué es ser normal?
Quizás solo es disfrazarse
para evitar ser dispar,
ser como los demás y no destacar.

El asombro ante lo inusual
es más habitual de lo normal,
creando inseguridades
en auténticas obras de arte.

SOCIEDAD

Personas a montones,
todas con caras largas y tristes,
demostrando no ser felices.

Muchas juegan al escondite
con los problemas que tienen delante,
siguen evadiéndolos al instante.

¿Qué pasará por sus cabezas?
¿Se sentirán metidos en jaulas?
Como pájaros que quieren mover sus alas,
pero encerrados en casas no elegidas,
se sumergen en sueños y aspiraciones
que se anulan por restricciones.

¿Y A MÍ?

¿Y a mí quién me salva?
Cuando me atrapan las telarañas
de ese pasado que me regaña.
Cuando me visita el fantasma
de ese futuro que me engaña.

¿Y a mí quién me entiende?
Cuando me arrastra el presente
dejándome el cuerpo alarmante.
Cuando la tristeza aparece
sin motivo ni causa aparente.

ALMA

Yo no quiero un castillo,
ni tampoco un palacio.
Solo quiero dormirme despacio
escribiendo poquito a poco
mi propio epitafio.

No es que me apasione la tristeza
ni que adore escribir de ella.
Pero es el cobijo de mi alma
y de mis inspiraciones,
aquellas que tantas veces
había dado por perdidas.

A momentos,
dentro de esta vida amarga,
pierdo la esperanza
y también los pensamientos.

No recuerdo lo que quiero.
No recuerdo lo que siento.
Un yo separado del otro yo.
Ambos dentro de mí
buscando objetivos
por los que seguir.

CEMENTERIO

Incluso en la más
ruidosa ciudad
siempre hay un lugar
donde habita la paz.

Suelen descansar
aquellos que ya no están,
que entre silencio y cipreses
te quieren acompañar.

PARQUE

El sol me da en la cara,
un pájaro deja su canto
y un perro corretea
como si algo lo persiguiera.

Todo es tan silencioso.
Casi puedo oír mi corazón,
que destaca por encima
de mi mente insana.

Lleno en mi interior,
vacío en mi exterior,
todo mi ser está en calma
habitando en esta pequeña
y gratificante templanza.

DE CUENTO

Países.
Carreteras.
Gasolineras.
Viajes sin fronteras.

Culturas y enseñanzas
que te llevan en volandas
por estas ciudades soñadas.

No son polvos de hadas.
No son ciudades de nunca jamás.
No hay princesas con hechizos
ni sueños encogidos.

AMOR

He venido a Italia.
Se suponía que vendría acompañada.
Sin embargo, no estoy enamorada.

Me envuelven calles románticas,
con música, ambiente y luminiscencias,
perfectas para en pareja recorrerlas.

¿Será que el amor no está hecho para mí?

No se trata de buscar,
pero lo busco.
No se trata de necesitar
e intento no necesitarlo.

Estoy bien sola
yendo a mi bola,
creando mi propia historia.

¿Será que insisto en que exista alguien perfecto?

No se trata de idealizar,
pero lo idealizo.
No se trata de rogar
e intento no rogarlo.

Es más difícil de lo que se piensa
encontrar a la persona correcta
que te quiera de la misma manera.

NUBARRÓN

Cielo estrellado,
¿dónde estabas ocultado?

Te tapaban nubes
densas y grises
para que no te lucieses
como tú te mereces.

Pero lograste esquivar
la negra y triste maldad
de quien te quiere apagar.

Cristina El Mersali

¿FELIZ NAVIDAD?

Muchas calles repletas de luces.
Muchos árboles por todas partes.

Esperas regalos y cenas abundantes
de gente con quien no hablaste antes.

Familiares descontentos discutiendo
hasta a la llegada del año nuevo.

Quejas y malas caras
de personas decepcionadas.

Casas llenas y otras vacías.
Familias completas y otras destruidas.
Personas empachadas y otras hambrientas.

Se aparenta tanta felicidad…
Y nadie está feliz en verdad.

ESCAPADA

Siempre que llego
a un lugar nuevo,
se mezcla la ilusión
con la satisfacción.

Un huracán por dentro
de muchas sensaciones
que entre sí se pelean
por quién se mostrará primero.

Viajas sola por el mundo,
te liberas, te conoces,
aprendes a autosatisfacerte
y a ser independiente.

Ver que no necesitas
a ninguna persona más
para lograr encontrar
la perseguida felicidad.

AEROPUERTO

Reencuentros y despedidas.
Montones de lágrimas perdidas.

Quizás muchas alegrías,
pero demasiadas melancolías.

Vas y vuelves,
encontrándote siempre la misma escena;
sin embargo,
a ti nadie nunca te espera.

ESPERANZA

Me siento tan incapacitada
para poder realizar aquello que anhelaba.
Me di cuenta demasiado tarde
de que no saldría como esperaba.

Sé que siempre se está a tiempo
para poder arreglar todo aquello
que no estaba en mi pensamiento.

Podría intentarlo.
Podría probarlo.
Podría perseguirlo.
Podría empezar de nuevo.

Pero, por ahora,
seguiré con lo que tengo.

Se puede cambiar de opinión
sin que sea lo anterior una equivocación.
Por eso esperaré
y algún día lo conseguiré.

AUTOSABOTAJE

En busca de la vida que quiero
intentando no darlo todo por perdido.
Por fuera sigo sonriente, tranquila,
pero por dentro, una batalla suicida.

Juego a esquivar
pensamientos intrusivos
que se clavan y se enquistan
como balas no solicitadas
que me hieren y me matan.

Vivo en bucles indeseados,
a pesar de moverme sin descanso.
¿Y si no es lo que veo?
¿Y si es lo que tengo dentro?
No plasmo lo que tengo delante,
plasmo lo que una vez cerré
en lo más profundo de mí.

BOMBA INTERIOR

Explosión implacable
que se lo lleva todo por delante.
Se derrumba cualquier muralla,
cualquier pizca de cordura,
arrasando como nunca.

Furia, rabia, desesperación
saliendo fuera con apresuración,
como si quemara estar en mi interior.

Dejan todo confuso a su paso,
volviéndose todo borroso,
sin nitidez ni visibilidad
de lo que pasa en realidad.

No consigo controlar
ni mis actos ni mis palabras.
Cuando todo se empaña,
solo logro dejarme llevar
por impulsos y acciones insanas
que perjudican y dañan.

ACTITUD

Doy vueltas sobre mí misma
recordándome a una peonza,
esto me tranquiliza y desahoga
de lo que me pasa por la cabeza.

Cansada de mis cambios de humor.
Ir de un extremo a otro es agotador.
Felicidad, motivación y risas.
Ansiedad, desesperación y lágrimas.
Inquietud, exaltación y ansias.

Traiciono mi propio corazón
cuando dejo de usar la razón
y vivo en contradicciones
de mis actos y pensamientos,
que son fuertes y confusos.

FANTASÍA

A momentos te pienso,
te imagino y me pregunto
si a ti te pasará lo mismo.

Guiones y películas
surgen por mi voluntad
de querer pasar contigo la eternidad.

Me devuelves el equilibrio
que otra persona se llevó.
Me devuelves aquella armonía
que daba por perdida.

No te vayas todavía.
Eres el tren de vuelta
a esa niña que cantaba,
que bailaba y disfrutaba
estando acompañada.

SERENAR

Respira, espira,
deja de tenerla
en el punto de mira.

Respira, espira,
mantén la calma
y la sensatez centrada.

Respira, espira,
nadie tiene la culpa
de absolutamente nada.

Respira, espira,
escucha a la neurona
que te devuelve a tu persona.

PREOCUPACIONES

Miramos el futuro lejano
sin darnos cuenta
de lo que tenemos
entre nuestras manos.

En bucle vivimos años.

En busca de la paz,
de la felicidad,
quizás riqueza,
sintiéndolo tan lejos
y a la vez tan cerca.

Obviamos el presente
y nos preocupamos
del tiempo que vendrá
con un «no seré capaz».

No somos infinitos,
pero creemos lo contrario.

No contamos los días
ni las horas ni minutos,
pero ¿cuántos te quedarán?

Preguntas banales,
como las afirmaciones falsas
que a ti misma te haces.

ENIGMA

Desde que nos dejaste,
unas cosas fueron a mejor,
pero otras a peor,
según la perspectiva que quieras darle.

Lo que en su momento ya se quebró
se acabó de romper,
cortándonos con lo que salpicó.

Todo empezó a ser diferente
y se convirtió en un rompecabezas
al que le faltaban un par de piezas.

Mientras, yo, encabezonada
para resolver aquel puzle incompleto
que no está ni estará entero.

Sigue pasando el tiempo
bailando entre extremos,
percatándome de que soy un motor
que no tiene punto muerto.

COLAPSO

Dejaré de hablar.
Dejaré de amar.
Dejaré de respirar.

Me quedaré en trance.

Todo se paralizará
de tal forma
que se destruirá
y en ruina se convertirá.

Disminuiré intensamente.

Convirtiéndome en nada,
solo pensando en volver a ver el alba
y reiniciar aquella conciencia
que en algún momento quedó apagada.

PRETÉRITO

Nunca miro el pasado;
mejor dejar enterrado
aquello que nos hizo
tantísimo daño.

Esta vez,
ni por error ni aceptación
va a haber excepción
para este corazón.

No volveré de nuevo
a salvar tu mano,
que dentro de este infierno
se está fundiendo.

Todas mis caricias
y cálidas miradas
se quedaron atrás,
junto a las llamas,
estas que, cuanto
más me acerco,
más me rechazan.

ABUELA

¿Qué sería de mí
si aún estuvieses aquí?
Pasan los meses
y nada ha vuelto a ser como antes.

Es extraño pensar
que a nadie más
te podré presentar
y que no verás nada
de lo que la vida me depara.

Aun así,
te tengo en mi pensamiento
en cada acontecimiento y suceso,
deseando que tu latido estuviese vivo
para que lo vieras conmigo.

Se podría decir
que mi mayor miedo
es llegar al olvido,
no recordar nada
de lo que viví contigo.

Si el tiempo me dejase,
no permitiría que se difuminasen
aquellos recuerdos grandes
que un día serán distantes.

Cristina El Mersali

A VECES

A veces pienso
que la poesía
es de lo poco
que me queda.

A veces analizo
toda coincidencia
con el fiel pensamiento
de que no existe nada
por pura casualidad.

A veces imagino
que en el guion de mi historia
ya se hallaba escrito
todo aquello que anhelaba.

A veces recapacito,
buscando una nueva alternativa,
llevando en contra al destino,
pero con total transparencia
encarando a la adversidad.

EL MAR

Cuando el frío me atraviesa
llegándome a las venas,
la sensación me paraliza,
pero a la vez me tranquiliza.

La playa está vacía,
demasiado tranquila,
toda para mi solita.

Veo las olas grandes
romperse, acercarse,
poco a poco descontrolándose.

En lejanía azules, pequeñas.
De cerca transparentes, inmensas.

Un baño.
Dos baños.
Los que hagan falta
para sentir de nuevo el alma.

LÍRICA

Entre letras me pierdo,
imaginando, escribiendo,
mientras sigo pensando
que no sé qué será de mí
cuando toque llegar al fin.

¿Producción o creación?
Todo dentro de mi corazón.
Sintiendo, recordando y sufriendo
en cada nuevo verso que escribo.

¿Términos o sentimientos?
Cada palabra escrita
tiene una herida escondida,
que resurge y se enquista
hasta que en la hoja se plasma.

La cabeza a mil pensamientos,
a unos cien por segundo
y a seiscientos por minuto.
Muchas veces sin saber qué decir;
otras, muchas ideas para escribir.

INAUDITO

Si me conocieran mejor,
en ocasiones me dirían
que me falta un hervor.

Quizás por mis ocurrencias
o por mis propias vivencias,
el caso es no querer evocar
aquello que me quiso traumar.

Estoy en mi propio
y más sincero entretenimiento
como para que me llegara a importar
lo que de mí puedan pensar.

Para muchos otros será un honor
poder tenerme a su alrededor.

Tengo bastante optimismo,
pero muy poca cordura
para apreciar de modo peculiar
todo lo que me llega a pasar.

VARIABILIDAD

Momentos y situaciones inestables
extravían mi intento a entenderme
dificultando el poder reconocerme
en un mundo que parece ir al revés.

Calles por las que antes pasabas
ahora están muy cambiadas,
y actualmente habitan añoranzas
de historias y crónicas pasadas.

Con la música a todo volumen
y sin comportarte como quieren,
cantas haciendo *playback* en el tren
aguantando las miradas de desdén.

Pero ¿y si mañana no lo contamos?
Mejor vivirlo mientras podamos
sin dejar de ser verdaderos y auténticos
antes de que nos arrepintamos.

NUMEN

Para mí, tu risa y sonrisa
mueven mar, cielo y tierra.
Cualquier sensación interna
me sacude como el viento a la arena.

¿Y será verdad?
Si cuando estoy contigo
parece fuera de la realidad.
Parece una película de ficción
creada por mi imaginación.

¿Y qué pasa con el miedo?
Me da angustia tenerlo
sobre todo estando a tu lado,
cuando me espera el sobresalto
del despertar de este pequeño sueño.

No saber si continuará
o, por lo contrario, acabará.

Tu poder misterioso
atrae mi presencia,
cegada por tu encanto
y extrañándote en tu ausencia.

MI LUZ

Desde lo más alto de las estrellas,
encima de la más brillante,
puedo notar como me cuidas.

Quizás me estás mirando
y yo, sin dejar de pensar
que a tu lado quiero estar.

Recuerdo que tus palabras
decían que no llorara
y, como si te viera,
te hablo en mis pausas.

Y soy plenamente consciente
de que no es realista
seguir soñando inocentemente
en que llegará el día
que me podrás abrazar.

POR TI

Aún puedo escuchar tu voz,
siempre aparece
por un recuerdo feroz.

Por una sola foto o situación
soy capaz de predecir tu dicción,
cómo actuarías y lo que dirías,
incluso algunas cosas las eludirías.

Tantos versos y estrofas
que no llevan tu nombre,
pero a los que no les falta designación.

Me temo que debo admitir
que ya perdí la cuenta
de cuántos poemas te escribí
únicamente para poder llegar a ti.

ÍNDICE